LA GUÍA DEFINITIVA PARA INVERTIR EN NFT

Aprenda a sacar provecho de la conexión
entre los NFT, el metaverso
y los criptojuegos

Wayne Walker

ÍNDICE

INTRODUCCIÓN

Bienvenido al mundo de los NFT (siglas en inglés para Token No Fungible). Ha sido difícil, por no decir casi imposible, no oír hablar de los NFT. Son la incorporación más comentada al mundo de las criptomonedas y el blockchain. Como ocurre con muchas cosas nuevas, existe mucha información y desinformación en torno a este tema, lo que puede hacer difícil distinguir entre lo que es verdad y lo que es sólo ruido. Una cosa que sabemos con certeza es que miles de millones de dólares han ingresado en el mercado de los NFT. Esta explosión de la actividad inversora, y lo que podría significar, es lo que exploraremos en detalle. Visitaremos, conoceremos y conectaremos los mundos hermanos de los NFT: el metaverso y los criptojuegos. Además, cerca del final del libro también he incluido mi experiencia personal con la creación de NFT.

Las opiniones actuales sobre los NFT son tan diversas como las que escuchamos en los primeros días de las criptomonedas. Algunos creen que los NFT son una idiotez, un desperdicio de dinero y simplemente terribles para el medio ambiente. No es de extrañar que haya otros que digan que los NFT son el futuro de Internet y que deberían incluirlos en su cartera de inversiones. Estos aficionados ven en los NFT una forma de poseer una parte de Web3* que, según ellos, es también el futuro del mundo online. Puedo prometerle que exploraremos este nuevo mundo sin exagerar y, al final, entenderá claramente cómo los NFT pueden ser beneficiosos para usted y qué trampas debe evitar.

* La Web3 es la próxima generación de Internet, la tercera, se basa en la tecnología blockchain y en la economía basada en tokens. Todavía es muy nuevo y la definición final de Web3 podría cambiar después de la publicación de este libro.

Antes de entrar en acción

Antes de adentrarse en los NFT, se supone que usted cuenta con una comprensión básica de los conceptos de blockchain y contratos inteligentes. Aunque los NFT son nuevos, la tecnología que se utiliza para crearlos no lo es. Por lo tanto, es importante que entienda estos conceptos subyacentes. Si ha leído alguno de mis otros libros sobre la tecnología blockchain, estará suficientemente preparado. Si no ha leído mis otros libros, o si lo ha hecho y necesita un repaso, por favor lea la sección "Conceptos clave sobre blockchain y contratos inteligentes" antes de empezar (son sólo un par de páginas). No he querido colocarla al principio del libro para no retrasar a los que ya están familiarizados con estos conceptos.

SU FORMA
MÁS SIMPLE

En su forma más simple, un NFT es una prueba de propiedad de *este token*. El token puede ser de obras de arte, juegos, películas, libros, servicios, música, etc. Son programables y, una vez que se acuña un token, se puede rastrear quién lo ha poseído. Esta información sobre la propiedad está disponible en la dirección del monedero.

Es importante tener claro desde el principio que cuando se compra un NFT, normalmente, NO se recibe el objeto físico ni los derechos de autor de ese objeto. Otra cosa que hay que tener en cuenta es que un NFT puede ser revendido por sus propietarios en cualquier momento y repetidamente. Sin embargo, el creador puede poner limitaciones a las plataformas utilizadas. Volveremos a tratar estos puntos más adelante, ya que pueden utilizarse en su beneficio como creador.

Los NFT han proporcionado una nueva forma para que artistas, como músicos, pintores y muchos otros, se beneficien de sus obras creativas. Pueden ampliar sus obras de arte más allá de las copias físicas mediante la digitalización. Aunque la mayoría de las colecciones de NFT pertenecen a artistas, nada impide a un famoso boxeador crear un NFT de sus guantes de boxeo utilizados en un combate de campeonato; ahora hay incluso NFT de tuits que se pueden comprar. Espero que haya comenzado a ver ya la infinidad de posibilidades o el nivel de locura de este nuevo mundo.

Los NFT entran en la conversación

Los NFT entraron en la conversación pública entre 2014 y 2015. El proyecto Etheria se presentó al mundo en Londres durante una conferencia de Ethereum. Se trataba de una colección de fichas hexagonales negociables. Tras el lanzamiento no pasó mucho tiempo hasta que la actividad de los NFT empezó a explotar en marzo de 2021, cuando súbitamente todo el contenido asociado al proyecto se vendió en 24 horas por algo más de un millón de dólares.

¿En qué se diferencian los NFT de las criptomonedas?

En el universo de las criptomonedas, las cosas están estandarizadas hasta cierto punto. Un ejemplo fácil es que un Litecoin es equivalente a otro Litecoin. Un NFT puede representar activos como un cómic o incluso un videoclip. Dado que los NFT pueden crearse sobre una gama tan amplia de activos subyacentes, no son fungibles, que es otra forma de decir que no son fácilmente intercambiables.

¿MILLONES PARA QUÉ?

En 2017, cuando alguien ofreció 9 millones de dólares por un NFT que formaba parte de la colección CryptoPunk, probablemente muchos lo tomaron como una señal de que el mundo estaba a punto de acabarse. ¿Millones por una imagen pixelada de un tipo corriente fumando un cigarrillo? Bueno, era una oferta, y el propietario la rechazó ante la incredulidad de todos. El proyecto CryptoPunk consiste en personajes de dibujos animados negociables lanzados por Larva Labs en la blockchain de Ethereum. Si ese precio le choca, entonces se desplomará al saber que el precio récord de NFT, en el momento de escribir este artículo, es de 69 millones de dólares por una obra del artista Beeple. El mundo de los tokens no fungibles ha avanzado y ha creado una nueva industria.

Muchos de los analistas de mercado tradicionales, especialmente de los mercados de valores, suelen escandalizarse por estos, para ellos, "precios locos". Un analista bursátil suele preguntarse en qué se basa el precio o sobre el valor intrínseco de un activo. Si utiliza los métodos tradicionales de evaluación del valor de un activo del mercado de capitales para evaluar el valor de una colección de NFT, ¡podría llegar a cero! Este mercado tiene su propia medida. Puede ser la popularidad de algo en las redes sociales, que puede provocar el miedo a perderse algo (FOMO), o algo tan simple y anticuado como el ego del comprador o del vendedor.

La gente está dispuesta a pagar

Los ricos, y no nosotros los ciudadanos de a pie, son el mercado objetivo de las piezas de arte de NFT, cuyo precio es desorbitado. Este grupo de compradores gastará su dinero de formas que no tendrían sentido para el ciudadano promedio. La gente rica no tiene problemas en gastar grandes cantidades para adquirir lo que creen que es un símbolo de estatus. Para algunos de ellos, hacerse con la colección más de moda o la más nueva de NFT es simplemente una forma de transmitir a su red de contactos y al resto del mundo "¡mírenme, puedo hacer cosas así porque soy muy rico!" Este segmento de clientes es la motivación de muchos de los que se introducen en el mercado de los NFT buscando dinero rápido y fácil con las ventas.

Más, aunque no lo crea

Dos hechos que tuve que comprobar varias veces porque no me podía creer:

1. Ya existe un museo dedicado a los NFT en Estados Unidos.

2. A principios de 2022, el Gobierno del Reino Unido reveló que está planeando acuñar* su propio NFT. Afirmaron que forma parte de su plan para convertirse en el líder del sector de las criptomonedas. El ministro de finanzas del Reino Unido ordenó a la Royal Mint, la agencia gubernamental responsable de la acuñación de monedas, que acuñara y emitiera el NFT. La reacción de las personas influyentes del sector no ha sido demasiado entusiasta.

Consideran que se trata sólo de un truco publicitario por parte del Gobierno de Reino Unido para aparentar estar al día con las últimas tendencias tecnológicas.

* Los NFT se crean mediante un proceso conocido como acuñación. Más información sobre este tema en el siguiente capítulo.

¿QUÉ ES LO QUE POSEE?

Actualmente existe un malentendido entre muchos nuevos compradores y aficionados a los NFT en cuanto a qué es lo que se posee cuando se tiene un token. Si bien es cierto que son únicos, en el sentido de que el token que posee no tiene gemelo, algunos de los vendedores de NFT (deliberadamente o por desconocimiento) trasmiten a los nuevos participantes en el mercado y especialmente a los compradores potenciales, la idea de que poseen directamente o tienen una propiedad parcial del activo subyacente, por ejemplo un libro o una obra de arte. A diferencia de otros objetos físicos, utilizando un escenario simple para ilustrar, si le vendo mi automóvil, una vez transferido el título de propiedad, lo posee al 100%; con un NFT, como ya definimos, sólo se demuestra la propiedad de _ese token_.

Otro aspecto que muchos nuevos compradores en el mercado de NFT suelen pasar por alto o malinterpretar es que su compra no impide al vendedor crear otros NFT del que usted compró.

Un ejemplo real de propiedad mal entendida

En 2022, una DOA (Organización Autónoma Descentralizada), compró por 2,66 millones de euros una copia de un famoso libro de ciencia ficción creyendo que poseería los derechos de autor y lo convertiría en un NFT. No pasó mucho tiempo antes de que la gente en Internet les recordara que no es así como funcionan las cosas con los NFT. Es un recordatorio más para los compradores y vendedores de que, como los NFT son todavía nuevos, existen aún diferentes aspectos legales que siguen sin respuesta.

La acuñación, qué es y cómo funciona

Los NFT se crean a través de un proceso que se conoce como acuñación en una blockchain. Su NFT está conectado a un contrato inteligente y este vínculo es permanente... para siempre. El contrato inteligente con el que se genera el NFT se ejecuta y el NFT se escribe en la blockchain.

Ethereum es la blockchain más popular para la acuñación y esto se debe principalmente a su popularidad entre los desarrolladores. Para evitar cualquier confusión, quiero dejar claro que es posible acuñar NFT en otras blockchains además de Ethereum.

Gas

La ejecución de su contrato inteligente y la acuñación de un NFT en una blockchain como Ethereum tiene costes. Estas tarifas se conocen como tarifas de gas. Si quiere comprar un NFT con ETH (ether o éter) o quiere minarla después, se cobrarán tasas de gas. En la blockchain de Ethereum el precio se calcula en Gwei, la unidad más pequeña de ETH. La cantidad que se paga depende sobre todo de la complejidad de la transacción. La cantidad de tráfico de la red en el momento de su transacción también juega un papel importante. Para ahorrar tasas de gas querrá que su transacción se mantenga simple, pero eso no es siempre lo mejor dependiendo de su NFT. Diferentes plataformas cobran diferentes tasas de gas y las diferencias pueden ser dramáticas. Por favor, investigue cuidadosamente antes de iniciar sus proyectos.

Las tarifas de gas para acuñar un NFT en las plataformas van desde 3 dólares en un día tranquilo hasta 30 dólares en un día con mucho tráfico. En promedio, la gente está pagando 15 dólares en tarifas. Si solo acuña ocasionalmente, para la mayoría de las personas, las tasas no serán un problema. Si se pasa a la categoría de alguien que hace esto como un negocio, entonces se puede ver fácilmente cómo las tasas de gas pueden convertirse en un problema de negocio debido a los gastos.

Guerra por el gas

Las guerras de gas son una característica extraña de los NFT. Hay una guerra de gas cuando miles de personas intentan comprar un NFT. Las tasas de gas pueden aumentar hasta niveles demenciales cuando la gente supera a sus competidores en un intento de asegurarse de que sus transacciones se procesen más rápido que las de los demás. La guerra rara vez dura mucho, una media de unos pocos minutos, pero eso es suficiente para que emplee una cantidad de dinero considerable para conseguir su NFT favorito. ¿Cuánto? Puede ser unos 4.000 dólares, un poco menos, o mucho más.

¿Gas gratis?

El tema de las tasas de gas puede convertirse en algo del pasado, al menos cuando se trata de crear NFT. Hay plataformas que permiten acuñar un NFT de forma gratuita. OpenSea, el mercado de NFT más popular, tiene una herramienta llamada Collection Manager que permite a los usuarios crear y vender NFT sin necesidad de pagar ninguna tasa de gas. ¿Cómo puede tener esto sentido comercial si los creadores no pagan ninguna tasa? Es el comprador quien paga las tasas cuando se vende un NFT.

Según su página web, se refieren a este proceso como "lazy minting". Esta llamada acuñación perezosa, si bien es algo bueno, especialmente para quienes tienen un presupuesto ajustado, también ha creado una nueva serie de problemas... los NFT falsos. Volveremos a tratar este tema cuando profundicemos en los retos que el sector afronta con el fraude.

¿Qué blockchain es mejor para acuñar moneda?

La propiedad o la singularidad de su NFT está relacionada con el blockchain en el que se acuñó. Algunos mercados ofrecen a sus clientes varias blockchain entre las cuales elegir en el proceso de acuñación. Esto podría llevar al dilema de que diferentes personas acuñen el mismo NFT en diferentes blockchain, lo que implicaría que hubiera varios originales en el mercado. En esta situación, ¿quién puede decidir qué blockchain es la mejor?

Otra cuestión a considerar es que los marketplaces no están obligados a aceptar todos los tokens. Su NFT de Tezos (o de cualquier otra blockchain) no garantiza la aceptación en todos los demás marketplaces.

¿Es posible comprar un NFT sin ETH?

Algunas plataformas permiten comprar con dinero fiduciario*. Sin embargo, la mayoría le exigirá que utilice ETH cuando el NFT forme parte de una subasta o de una reventa.

*El dinero fiduciario es una moneda emitida por el Gobierno, por ejemplo, el dólar estadounidense, el real brasileño, el złoty polaco, etc.

AMENAZAS PARA EL MEDIO AMBIENTE

La cantidad de energía consumida en el ecosistema de los NFT ha sido fuente de controversia desde el inicio. Esta crítica también se aplica al mundo de las criptomonedas en general. Para los defensores de las criptomonedas, la crítica depende del año del que estemos hablando. El caso del uso ineficiente de la energía podría haberse argumentado con más fuerza hace varios años, pero ya no.

La comunidad de blockchain ya tiene grupos que trabajan para que las plataformas sean más respetuosas con el medio ambiente. Hoy en día hay redes de blockchain que son mucho más eficientes energéticamente que Ethereum, por ejemplo, la red Solana. En el futuro, Ethereum está planeando una actualización de su blockchain que utilizará mucha menos energía en el proceso de minería. Según los datos obtenidos en mi investigación la red mejorada utilizará un 90% menos de energía.

Muchos de los que impulsan la historia de lo malas que son las criptomonedas y los NFT para el medio ambiente rara vez se preguntan por la cantidad de energía que utilizan las bolsas de valores de todo el mundo. ¿Y los bancos de todo el mundo? Trabajé en la banca tradicional durante décadas, y puedo decir por experiencia personal que utilizamos mucha energía. Más comparaciones olvidadas: el consumo de electricidad de NFT en comparación con el ecosistema bancario formado por el sistema SWIFT y sus cajeros automáticos en todo el mundo.

Noticias optimistas sobre el criptoambiente

Dos empresas, Blockstream (canadiense) y Block (estadounidense) han comenzado a trabajar en una mina de bitcoin con energía solar y baterías en Texas utilizando tecnología de la corporación Tesla. El director general de Blockstream, Adam Back, lo expuso en una conferencia sobre Bitcoin en abril de 2022. El objetivo de su proyecto es proporcionar una prueba de concepto para la minería de bitcoin con energía 100% renovable. También incluirá un tablero de control público que se podrá ver en tiempo real, una ratio de energía consumida por bitcoin minado, ¡impresionante! Hasta la fecha, este es uno de los proyectos de minería de criptomonedas más ambiciosos y respetuosos con el medio ambiente que conozco. No me sorprendería leer pronto que algunas empresas se unen para hacer algo similar específicamente para los NFT.

Se necesitan informes más detallados

El último aspecto a considerar sobre esta cuestión es que, con todas las reclamaciones sobre el derroche de energía, estoy esperando leer un informe que proporcione un análisis detallado de las fuentes de energía de los mineros privados de criptomonedas, los mineros de NFT y otros jugadores de criptomonedas. ¿Sabemos cuántos mineros utilizan energía alternativa? Por ejemplo, ¿cuántos mineros utilizan fuentes de energía eólica, solar u otras formas de energía renovable? Muchos de ellos lo hacen, no sólo las dos grandes empresas que acabas de leer. También hay otros, por iniciativa propia, que compensan totalmente el consumo medio de CO2 (dióxido de carbono) en su blockchain para ser climáticamente neutros.

ESTAFAS Y AMENAZAS

Por desgracia, los estafadores ven en los NFT un nuevo mercado para sus fraudes. Los conocidos y los no tan conocidos han tenido cuentas hackeadas. Por ejemplo, OpenSea fue hackeada por casi 2 millones de dólares en la primavera de 2022. Los estafadores tomaron tokens de los monederos de los propietarios legales a través de un ataque de phishing.

Entonces, ¿cómo es la situación con respecto a las falsificaciones y los engaños en los NFT? Es tan mala que el mayor marketplace del sector, OpenSea, admitió que la mayoría de los NFT creados en la plataforma, los que se crean gratuitamente, son copias de obras ajenas o simplemente un fraude. Tuiteaban: "Más del 80% de los artículos creados con esta herramienta eran obras plagiadas, colecciones falsas". La herramienta a la que se referían era su programa de acuñación gratuita que fue descrita anteriormente como lazy minting o acuñación perezosa.

Se han producido otras estafas en las que los artistas no entregaron el contenido prometido a los compradores, básicamente entregaron parcialmente los proyectos de NFT. Además, existe la famosa venta de falsificaciones, una actividad de poca monta que puede emplear imágenes robadas, subiendo y vendiendo archivos de los que no se tienen los derechos de propiedad intelectual. Ha habido casos en los que se han puesto a la venta obras de artistas que no querían que se convirtieran en NFT. También podría darse la disparatada situación de que alguien vendiera una falsificación junto a la obra auténtica en el mismo mercado. Puede buscar en Twitter bajo "NFTtheft" o en otras fuentes para encontrar muchas historias de este tipo.

La conclusión es que los proyectos falsificados no tienen, obviamente, ningún valor para los nuevos propietarios, que no tienen forma de recuperar su dinero, y esto perjudica al mercado de NFT en general.

Lavado del comercio

El "wash trading" o lavado del comercio es probablemente el timo que la mayoría de los estafadores están utilizando ahora. Consiste en que las cuentas controladas por una persona o entidad negocian entre sí para dar la impresión de que hay mucha demanda de un NFT y así poder venderlo más rápido y a un precio más alto. Está ligeramente relacionado con el timo del pump and dump, muy conocido en el comercio de acciones.

Propiedad vs. Posesión

Los marketplaces deberán, más pronto que tarde, abordar la cuestión de aclarar la diferencia clave entre tener un token y ser el propietario de un token. La mayoría de los mercados siguen funcionando según el principio de que la cuenta que tiene el token es la propietaria. Muchos en la industria quieren que se haga más hincapié en la propiedad legal. La diferencia es sutil, pero muy importante. En el mundo real, si me voy de vacaciones y usted entra en mi casa y empieza a vivir en ella, no es legalmente dueño de mi casa. *Ocupa* mi casa, pero el *título legal* de propiedad sigue siendo mío.

Los mercados pueden hacer más

Puedo entender fácilmente que las personas que no siguen de cerca el mercado de los NFT tengan la impresión de que los mercados son el salvaje oeste, donde todo vale. La realidad es un poco más matizada. Actualmente, los mercados de NFT siguen las mismas normas de la DMCA (Digital Millennium Copyright Act, en español Ley de Derechos de Autor Milenio Digital) que cualquier otro sitio web de contenidos, por ejemplo, la plataforma YouTube. La DMCA prohíbe subir, utilizar o compartir contenidos que no son legalmente de su propiedad. Estos contenidos suelen ser vídeos, fotos y música. Las personas que infringen las directrices de la DMCA pueden ser obligadas a retirar el material de su sitio web.

Los marketplaces son cada vez más agresivos en sus esfuerzos por deshacerse de los estafadores y los malos actores, pero necesitan hacer mucho más. En mi opinión, han sido demasiado lentos y débiles. También pueden aumentar el contenido educativo disponible para los compradores. Hace poco leí sobre una de las nuevas galerías offline para NFT que ofrece a los compradores acceso a expertos de las artes, las finanzas y la tecnología para ayudarles en el proceso de compra. Es un buen comienzo.

PROTEGIENDO SU CUENTA

Esta lista que tengo es realmente un buen punto de partida. Siempre puede crear estrategias más complejas a medida que aumente su necesidad de seguridad. Me siento seguro al escribir que si aplica lo básico descrito en los siguientes párrafos tendrá un buen comienzo.

Utiliza un gestor de contraseñas y evita reciclarlas

La reutilización de contraseñas es probablemente el punto débil número uno para la mayoría de la gente cuando se trata de contraseñas. Tener las mismas contraseñas en varios sitios web es superarriesgado. Muchos de nosotros lo hacemos, pero debemos resistir el impulso porque sabemos que si alguien consigue la contraseña podrá atacarnos desde varios puntos. Usar un gestor de contraseñas como LastPass o cualquier otro de calidad puede facilitar el proceso de seguridad.

No haga clic en enlaces desconocidos

Nunca se debe hacer clic en correos electrónicos, imágenes, etc. de fuentes desconocidas; es una forma común de perder sus NFT. En general, no debería hacer clic en enlaces de fuentes desconocidas o poco fiables, con NFT o sin ellos.

Su frase secreta de recuperación... debe permanecer secreta

La frase secreta para la recuperación de su monedero es sólo para usted, NO debe ser compartida con nadie. Esto incluye a los mejores amigos, cónyuges, etc.

Además de estos consejos, hay un montón de vídeos que circulan por Internet con estrategias aún más avanzadas, pero recuerde, la complejidad puede ser el enemigo de hacer las cosas.

EL METAVERSO

¿Qué es el metaverso? Los NFT son nuevos y ahora el metaverso es el último conjunto de palabras que hace que la gente se quede con la mente en blanco. Hace poco, en una cena con unos amigos, después de pasar 15 minutos explicando los NFT, me preguntaron por el metaverso, y les dije: "lean mi libro". Dije esto porque para entender completamente el metaverso es necesario entender algunos otros conceptos. Sin embargo, como están leyendo mi libro, obtendrán la explicación completa.

El punto crítico que hay que aclarar desde el principio: hay varios mundos virtuales metaversos. Las diferentes empresas, por razones obvias, pueden querer que el público crea que sólo hay uno... ¡el suyo! Pero no hay un solo metaverso. Algunos de los mundos virtuales más conocidos son Decentraland y Sandbox, y mientras escribo se están desarrollando más mundos, incluso uno sólo para niños.

Avatares

Antes de seguir adelante, es necesaria una rápida explicación sobre los avatares. Suponía que todo el mundo estaba familiarizado con el concepto de avatares, pero tras varias lecturas de prueba de este capítulo por parte de algunos amigos, éstos tuvieron la amabilidad de advertirme de mi error.

Los avatares son representaciones del mundo real, normalmente de usted mismo, en el mundo virtual. Dependiendo de la plataforma y de sus gustos, su avatar puede ser tan parecido o diferente a su imagen en la vida real como desee. Si es de estatura baja en la vida real pero quiere parecer un jugador de baloncesto alto, puede hacerlo. El principal requisito para la mayoría de las plataformas es que esta imagen de avatar debe ser similar a la humana, es decir, no puede convertirse en un dragón que escupe fuego.

Como acaba de leer, los avatares suelen ser de uno mismo, pero también es posible crear un avatar de alguien de su imaginación. Un ejemplo comentado o semicontrovertido es que uno de los modelos más seguidos en las redes sociales es un avatar femenino creado por un hombre.

El metaverso continúa

El metaverso es un conjunto de varios componentes que se unen para formar una experiencia. Las partes esenciales son los avatares, los cascos de RV (Realidad Virtual)* y la propiedad digital. Debo admitir que esta colección de componentes puede cambiar, y probablemente lo hará.

Mediante el uso de avatares, se puede pasar el rato con otros avatares en estos mundos virtuales haciendo cosas que van desde comprar, vender una propiedad, hasta asistir a un concierto. Uno de los objetivos del metaverso es poder hacer cosas que normalmente se hacen en el mundo real, pero hacerlo online. Su actividad habitual en la vida real incluye trabajar, reunirse con amigos, tener aficiones, etc. Utilizando plataformas metaversas, tendrá la sensación de estar allí, haciendo estas actividades, sin estarlo realmente.

Otro objetivo de los mundos virtuales es hacerle sentir tan inmerso que le resulte difícil salir. Para ello, los desarrolladores deben hacer que la experiencia sea lo más rica posible desde el punto de vista gráfico y sensorial, y puedo prometer que están trabajando en ello. Incluso hay un mundo que permite a los avatares casarse entre sí. Las bodas de avatares son una idea bonita, pero no es lo que está atrayendo a las empresas. Lo que más les está atrayendo es que tienen la posibilidad de crear servicios o contenidos empresariales con los que se puede comerciar virtualmente y que luego se pueden convertir en dinero de la vida real.

*La realidad virtual (RV) es una experiencia sensorialmente rica generada por ordenador con escenas (imágenes, sonidos) tan realistas que se tiene la sensación de estar viviéndola realmente. Normalmente se accede a la RV con auriculares específicamente diseñados.

Esto no es totalmente nuevo

Para los que lo recuerden, Linden Lab hizo un gran lanzamiento en 2003 de su mundo virtual llamado *Second Life*. La gente podía crear avatares e interactuar con otros avatares en su segunda vida. Esta historia es un poco personal para mí porque el banco donde trabajaba entonces hizo una apuesta financiera por *Second Life* e invirtió mucho dinero para crear una presencia en este mundo virtual. Contrataron personal adicional y organizaron una increíble fiesta de lanzamiento. ¿Los resultados? Lamentablemente, el proyecto fracasó estrepitosamente. ¿Por qué? No hubo suficiente interés por parte del público para que tuviera sentido comercial. Sin embargo, el mundo virtual de *Second Life* sigue existiendo.

¿Por qué ahora?

Acabamos de decir que el concepto de mundo virtual no es nuevo, así que ¿por qué hay tanto entusiasmo ahora? La respuesta es que por fin están disponibles las tecnologías de soporte necesarias para pasar al siguiente nivel. Entre ellas se encuentran las blockchain, los auriculares de RV mejorados y, por supuesto, los NFT, que pueden integrarse en el metaverso. Poseer cosas en los mundos virtuales ya es posible, pero con la aplicación de la tecnología blockchain, demostrar la propiedad de los activos virtuales es más seguro y se siente más real para los propietarios.

Muchas partes del mundo también están más abiertas a un estilo de vida virtual, que es posible gracias a las diferentes plataformas de reunión online, junto con la explosión del trabajo a distancia y la tendencia a trabajar desde casa. Ahora se celebran fiestas virtuales de degustación de vinos, algo a lo que hace años ni siquiera me planteaba asistir. Hace poco asistí a una.

El desafío del viaje intermetaverso

Antes de que el público adopte el concepto de metaverso, algunos miembros del sector creen que los usuarios deben tener la posibilidad de viajar *fácilmente* entre los distintos mundos virtuales metaversos. Para que este viaje entre mundos metaversos se convierta en una realidad, será necesario que se acuerden una serie de normas. Tener un estándar metaverso le permitirá viajar con sus activos digitales y su avatar de un metaverso a otro sin perderlos.

Quizá se creen algunos estándares metaversos similares al estándar de electricidad que existe en la Unión Europea. Por ejemplo, un residente polaco que viaja a España puede enchufar su ordenador, recargar su smartphone, etc., sin ningún problema porque los estándares de los enchufes eléctricos son los mismos en toda la Unión Europea. En comparación, un residente de Estados Unidos que viajara a Europa necesitaría un adaptador eléctrico de viaje para utilizar los enchufes eléctricos en España.

Antes de que pueda haber un lanzamiento de cualquier viaje intermetaverso, los diferentes mundos metaversos también tendrán que resolver los obvios retos técnicos y de propiedad intelectual que requeriría la movilidad intermetaversa.

¿Queremos escapar de la realidad?

El reto más difícil para las empresas es convencer a la gente de que tiene que participar en el metaverso, de que debemos pasar menos tiempo experimentando la vida real y más tiempo en una vida virtual, aunque sea sensorialmente muy realista. Una de las críticas frecuentes al metaverso es que es sobre todo una forma de escapar de la realidad para la clase media o los ricos. La verdad es que la mayor parte del planeta no puede permitirse el lujo de desconectar de la realidad cuando se debe pagar el alquiler. Por no hablar de que gastar dinero real para comprar tierras imaginarias, etc. en el metaverso significa que su vida es cómoda. Este es un mundo en el que los terrenos virtuales junto a las casas de algunos famosos pueden costar más que los terrenos reales. Imagine intentar explicarle esto a un niño o a cualquier otra persona que no puede permitirse comprar una casa en un mundo que no existe.

En este momento, los casos de uso por parte de los consumidores (juegos, experiencias virtuales, arte, citas, etc.) del metaverso son un claro "nice to have", algo apetecible, pero no una necesidad. Terminaré con una pequeña advertencia: mucha gente también dijo algo parecido sobre las redes sociales cuando surgieron. Aunque para mí las redes sociales no son una necesidad, para bastantes personas que conozco y sus círculos sociales se han convertido en algo necesario.

JUEGOS:
¡COBRE POR JUGAR!

Los juegos de NFT, una parte enorme del ecosistema de NFT, están creciendo más rápido de lo que incluso sus fans podrían haber imaginado. El tamaño del mercado, medido por las compras dentro del juego, para 2021 era de 5.100 millones de dólares. Se trata del 2° sector de NFT más grande en base al volumen de ventas global de NFT. Este mundo del juego no es lo que mucha gente se imagina cuando piensa en juegos. El funcionamiento tradicional de los juegos es que los jugadores *pagan* por jugar a un juego y, aunque sea gratuito al principio, normalmente tendrán que pagar para acceder a ciertos niveles o rangos.

Esta nueva versión del juego consiste en que los jugadores ganan dinero por jugar, lo que suele denominarse "jugar para ganar" (P2E). Otra forma de explicarlo es que, en el universo NFT, *su tiempo* es el pago. Puede parecer una tontería para algunos que cuestionan la idea de pagar a alguien por dedicarse a su afición de jugar, pero esto es muy real. El término que se utiliza para describir esta tendencia es GameFi, que no es más que la mezcla de la palabra juego y finanzas. En la práctica, se trata de un mundo virtual en el que confluyen blockchain, NFT, juegos y criptomonedas.

¿Cómo ganan dinero los jugadores?

La forma típica de ganar dinero es completar ciertas tareas en el juego para mejorar su clasificación. Para la mayoría de los jugadores, la mayoría de las veces no hay riesgo, pero hay algunos juegos en los que puede perder dinero porque necesita pagar antes de jugar. Puede perder ese dinero si deja de jugar antes de llegar a un nivel o rango necesario para un pago.

En los juegos NFT, los jugadores utilizan coleccionables digitales o activos del juego que pueden vender a otros jugadores. Los activos pueden incluir cualquier cosa, desde terrenos virtuales, personajes, armas, animales y mucho más. Algunos de los jugadores más ambiciosos están incluso empezando a utilizar sus ganancias de criptomonedas para el staking de NFT, para estirar sus ingresos aún más. El staking le permite obtener ingresos extra de sus NFT sin tener que renunciar a sus derechos de propiedad.

Los mejores juegos actualmente

Axie Infinity - Los jugadores coleccionan monstruos de fantasía NFT que pueden intercambiar dentro del marketplace del juego.

Sorare - Para los aficionados al fútbol de fantasía. Se monta un equipo con los jugadores favoritos y se obtienen recompensas en función de su rendimiento en los partidos reales.

Evolution Land - Los jugadores compran terrenos y construyen edificios.

Respuesta de los desarrolladores de juegos

Como ocurre con todo lo relacionado con los NFT, el mercado aún es nuevo y, de acuerdo a los datos disponibles, la mayoría de la comunidad de jugadores ajena al mundo de los NFT aún no está plenamente convencida de los beneficios de los NFT en los juegos.

Según la encuesta de la Game Developers Conference de 2022, la mayoría (70%) no está interesada.

OLVÍDESE DE BENEFICIOS FÁCILES Y RÁPIDOS

Es posible hacer una buena inversión con los NFT, pero muchos inversores descubren rápidamente que no es tan fácil como algunos sugieren. La mayoría pierde dinero, y las obras de las colecciones de NFT que se venden por millones de dólares no son definitivamente la norma. Los datos que he visto revelan que casi el 60% no gana dinero.

Las ventas millonarias que llaman la atención representan en realidad alrededor del 1% o 2% del mercado. La mayoría de los tokens se venden por unos pocos cientos de dólares. Los NFT se han promocionado desde el principio como una forma de que los artistas se beneficien aún más de sus obras creativas. Según lo que he podido averiguar, es que actualmente, gran parte de los beneficios van a parar a los comerciantes y no a los artistas.

Algunos ven burbujas

Los nuevos participantes en el mercado olvidan a veces que el mercado de los NFT es similar a otros mercados, en el sentido de que los precios fluctúan y no siempre suben. Hay tanto ruido en este momento sobre las ventas récord que la gente pasa por alto el hecho de que los precios han bajado en algunas de las colecciones de NFT más conocidas. Hay algunos analistas que creen que hay burbujas de precios en el mercado. Puede que esa sea la situación, pero con los NFT es difícil decidir cuándo hay una burbuja. Reflexionando sobre mi experiencia con Bitcoin y otras criptomonedas, las burbujas de precios eran un argumento que escuchaba a menudo; en aquellas ocasiones los críticos estaban *muy equivocados.* Como ya hemos aprendido, no existe un estándar universalmente acordado para asignar un valor a un NFT. No son como las acciones, en las que se pueden encontrar los beneficios de la empresa, la cartera de productos, el potencial de crecimiento, etc. El consejo inmediato para cualquier lector es que sólo invierta con capital de riesgo dinero cuya pérdida no perjudique notablemente a su vida financiera.

El horror de la reventa de NFT

Una de las mayores ventas en el mundo de los NFT se convirtió en una de sus reventas más bajas. El criptoinversor Sina Estavi llamó la atención de los medios en 2021 cuando pagó 2,9 millones de dólares por un NFT del primer tuit de Jack Dorsey, el cofundador de Twitter.

Estavi intentó revender esta NFT en 2022 pidiendo 48 millones de dólares y las mejores ofertas fueron de apenas un par de cientos de dólares. Sí, ha leído bien, pagó millones de dólares y las mejores ofertas que recibió fueron de unos cientos de dólares. Luego intentó otra reventa sin precio de venta y las ofertas, aunque mejoraron, terminaron en unos decepcionantes 6.800 dólares. Se le citó diciendo: "Esta NFT no es sólo un tuit, es la Mona Lisa del mundo digital". Hasta la fecha, según las ofertas recibidas, los compradores no comparten su entusiasmo ni su opinión sobre este NFT. Podemos estar de acuerdo en que se trata de un ejemplo extremo de la volatilidad de los NFT, pero no es más que otro recordatorio de la naturaleza especulativa del mercado.

GESTIÓN DE RIESGOS DE NFT

Antes de lanzarse a negociar o invertir en NFT, su sistema de gestión de riesgos debe funcionar correctamente. Por mi experiencia en el sector bancario, las clasificaría para mis clientes como inversiones alternativas. Este mercado conlleva más riesgo que otros, lo que significa que sus beneficios potenciales también deberían ser superiores a la media con cualquier NFT que considere comprar. Esta no es sólo mi opinión, sino que es la que debería escuchar cualquier persona familiarizada con la gestión del riesgo. Anteriormente he explicado en detalle varios de los riesgos relacionados con este mercado, pero sigo creyendo que hay oportunidades disponibles. La regla más importante para comprar un NFT es que sólo se utilice el capital de riesgo. Dependiendo del tamaño de su cartera, puede copiar algunas de las técnicas que trataremos y que son utilizadas por aquellos que ganan dinero con los NFT.

CÓMO GANAN DINERO LOS INSIDERS

Sabemos que muchos inversores no ganan dinero en este mercado. En este capítulo, compartiré con usted las estrategias utilizadas por aquellos que producen ganancias en NFT.

Las listas blancas de iniciados

Antes del lanzamiento de una nueva NFT, los creadores tratarán de conectar con el mayor número posible de promotores. Estos promotores pueden ser personas influyentes en las redes sociales, estrellas del deporte o cualquier persona con una gran base de fans. Los creadores permiten entonces a los promotores comprar el NFT con un gran descuento antes del lanzamiento o incluso regalar algunas. Estas listas de primeros inversores se conocen como listas blancas.

Los promotores de la lista blanca a menudo obtienen más del 100% de beneficios al revender sus NFT después del lanzamiento. Obviamente, las ganancias sólo llegan si hacen su promoción correctamente. La lección para los lectores es que, si es posible, intenten asegurarse un lugar en estas listas blancas de inversores especiales.

Colecciones

Los insiders tienden a centrarse en las colecciones. Se trata de un grupo de NFT que tienen el mismo creador y comparten algunas similitudes. La mayor parte del tráfico y del interés del mercado se centra en unas pocas colecciones. En 2022 había cerca de 80.000 colecciones en el mercado que, aunque no es un número enorme, supone un crecimiento de unas 15.000 con respecto al año anterior. Los datos de nonfungible.com muestran que las colecciones representan casi el 60% de las ventas de NFT. Dos de las más populares son CryptoPunk y Bored Ape Yacht Club. Las ventas de ambas colecciones ascienden a miles de millones de dólares... ¡por imágenes de píxeles!

Comprar más y diversificar más

Los inversores ganadores del mundo NFT gastan mucho más dinero. Los ganadores de NFT pueden obtener mayores beneficios si compran un proyecto en el mercado secundario por 15.000 dólares y lo revenden después por 20.000 dólares. También tienen, por término medio, más NFT y más variedad en sus colecciones. Soy consciente de que esta estrategia puede no ser para todos. La gente no siempre está en una situación financiera en la que pueda gastar 15.000 dólares por un NFT, especialmente cuando todavía es una clase de activo tan desconocida.

Utilizar los NFT como garantía para los préstamos

Si este párrafo se hubiera escrito hace unos años, mis amigos o lectores se habrían reído de ello. Sí, ahora es posible obtener un préstamo basado en el valor de su colección de NFT. Para una clase de activos tan nueva y especulativa, cuando oí hablar de los préstamos para NFT, lo primero que pensé fue que debía tratarse de una broma. Puedo confirmar que <u>no</u> es una broma, hay varios sitios web que permiten hacerlo. Uno de los sitios más populares que ofrece este tipo de servicio es nftfi.com.

Una vez aprobado el préstamo, los fondos de criptomonedas pueden utilizarse para comprar más NFT o invertir en otros proyectos de criptomonedas que luego pueden convertirse en moneda fiduciaria. La cantidad de préstamo más alta aprobada, que yo sepa, fue de 8 millones de dólares.

Staking NFT

El staking de NFT es cuando usted compromete sus tokens en una plataforma para obtener recompensas. En términos más sencillos, el staking le permite obtener ingresos extra de sus NFT sin tener que renunciar a su propiedad. El concepto de staking no es nuevo, es una práctica relativamente común con las criptomonedas.

El staking proporciona una nueva oportunidad para que los coleccionistas obtengan ingresos pasivos de sus colecciones. Los NFT no son la clase de activos más líquida, por lo que para aquellos que invierten a largo plazo, esto puede ser un atractivo negocio secundario.

Cómo se paga la apuesta

El proceso de apuesta de los NFT es similar al de las criptomonedas. Sus tokens se bloquean en un fondo de apuestas donde se utilizan para ayudar a confirmar las transacciones. Se le recompensa cuando sus fichas se utilizan para las confirmaciones. El calendario de recompensas difiere de una plataforma a otra. Algunas ofrecen recompensas semanales, otras incluso diarias.

Normalmente se le paga en el token nativo de la plataforma. Este pago se basará en la tasa de porcentaje anual (TAE) establecida por su plataforma. La base de cómo fijan la tasa es tan diferente como las plataformas disponibles. Recuerde que está tratando con un mercado no regulado, no hay reguladores bancarios disponibles para establecer reglas.

Una advertencia para aquellos que quieran probar el staking: La elegibilidad de su NFT para el staking varía de una plataforma a otra. No se pueden poner todos los NFT en staking, por lo tanto, no es tan sencillo como comprar un NFT y que los ingresos pasivos empiecen a llegar. Tendrá que hacer la tarea.

Cómo beneficiarse con los NFT sin ser un insider

Se puede participar en la euforia de los NFT sin ser un insider o incluso sin comprar uno. Puede obtener una exposición indirecta a los NFT invirtiendo en las redes de blockchain que las soportan.

Algunos ejemplos de blockchain son Solana, Cardano, GoChain, Tezos, y hay muchos otros. Cada una de las redes tiene sus propias propuestas de valor. Como referencia, GoChain se ha hecho un nombre como la blockchain verde o la más respetuosa con el medio ambiente. Para diversificar aún más su cartera, también podría invertir en los exchanges que las ofrecen para comerciar.

Una de mis alternativas favoritas es la blockchain de Ethereum, que se utiliza para muchas cosas, desde NFT hasta contratos inteligentes. Ethereum ha experimentado un crecimiento espectacular en comparación con otras plataformas porque su blockchain es la base para muchos tipos diferentes de aplicaciones. Los NFT también pueden desarrollarse en otras plataformas, pero Ethereum sigue siendo la base preferida para los desarrolladores de NFT.

Esta forma de conseguir una exposición indirecta a una clase de activos concreta no es nada nuevo que yo haya inventado. Es algo que he aconsejado a mis clientes durante años en mercados más tradicionales. En lugar de comprar un contrato de futuros del petróleo en el mercado de materias primas, se pueden comprar compañías petroleras, las navieras, etc. La base de la estrategia es encontrar otros actores en el ecosistema de cualquier área en la que esté buscando invertir. Un ejemplo para cripto sería que alguien que tiene interés en las criptomonedas, en lugar de comprar Bitcoin, compre acciones de minería de Bitcoin.

UN NFT MORTAL Y OTRAS TENDENCIAS

R evisaremos un proyecto *mortal* de NFT y un par de tendencias que estoy observando en los mundos de NFT y metaverso.

¿Dead Celebrity NFT?

Uno de los proyectos de NFT más interesantes o extraños sobre los que he leído es Macabris, que está en la blockchain de Ethereum. Cada token es único y representa a una celebridad concreta. Los propietarios de los tokens reciben una parte del pago mensual de su fondo de distribución mientras la celebridad subyacente esté viva. La cosa se pone más interesante: cada token recibe un pago mayor a medida que otras celebridades del token siguen muriendo. Una vez que se confirma la muerte en el mundo real, la celebridad es marcada como muerta por su Death Master.

Este fondo de distribución se financia con su venta inicial de tokens y con las comisiones de las ventas posteriores de tokens. Según Macabris, durante la ICO (initial coin offering, oferta inicial de moneda), el 80% de los fondos de los tokens vendidos se transferirán al fondo común. Las comisiones de la transferencia de tokens de monedero a monedero también se destinarán al fondo de distribución.

Este proyecto puede no ser para todos los inversores, pero ilustra el nivel de diversidad disponible en el mercado.

¿La próxima ola de NFT?

El área de los NFT que estoy observando de cerca es el mercado de los libros y audiolibros. Como autor, no es de extrañar que sienta curiosidad por las posibilidades en este ámbito. Como la mayoría de los autores, leo mucho y, como lector, también me interesa.

Hay varias plataformas que permiten a los autores publicar y distribuir sus obras mediante NFT y contratos inteligentes. Las plataformas también proporcionan muchos de los servicios que conocen los autores y editores, incluyendo datos de ventas en tiempo real (por ejemplo, cuántos ejemplares se han vendido). Las plataformas también permiten el pago en monedas fiduciarias, por lo que no es obligatorio tener un monedero de criptomonedas.

El uso de contratos inteligentes permite a los autores y otros productores de contenidos establecer los derechos y limitaciones de sus obras y, según los sitios web, su aplicación de la tecnología combatirá eficazmente las falsificaciones y otros fraudes digitales. La tecnología blockchain subyacente vincula al autor con obras específicas que verifican quién es el editor original.

El uso creativo de los contratos inteligentes puede hacer que la venta de un libro pase de ordinaria a extraordinaria. Un autor puede utilizar los contratos inteligentes para crear una edición de coleccionista, o añadir una invitación a eventos privados offline como una cata de vinos o un taller gratuito. Las posibilidades de lo que se puede incluir son casi infinitas.

Aplicación en el mundo real

El empresario Gary Vaynerchuk anunció que quien comprara 12 ejemplares de su nuevo libro se llevaría un NFT. ¿Los resultados? Consiguió pedidos por adelantado de más de un millón de libros. Para ser realistas, no todo el mundo tiene este tipo de seguidores en las redes sociales que puedan tener esta cantidad de libros vendidos como preorden.

Las estadísticas de los escritores más normales, por desgracia, no son tan rentables. Las estadísticas de ventas que he visto eran de un solo dígito. Por desgracia, los informes no revelaban lo que incluían en esos NFT. ¿Eran sólo archivos básicos? O incluían extras como el acceso a un evento, o si eran ediciones limitadas, etc. Hasta que no haya un mercado secundario más fuerte para los libros NFT, los incentivos financieros para los escritores menos conocidos no son tan grandes... en este momento.

Un metaverso de Museos: Museos que tokenizan el exceso

Un metaverso para instituciones artísticas puede ofrecer algunas posibilidades interesantes que algunos museos están investigando en sus fases iniciales. Una idea de la que he oído hablar es que podrían ofrecer versiones tokenizadas de sus colecciones. Esto se haría desde la ubicación del museo en el metaverso, donde pueden tener ventas y exposiciones en el mundo virtual.

¿Por qué es esto relevante? Mucha gente no es consciente de que cuando visitamos los museos, sólo vemos en exposición una fracción de sus colecciones reales*, el uso de los NFT puede ofrecer una forma de monetizar y exponer digitalmente más de las colecciones que tienen en reserva. No estoy seguro del significado jurídico o artístico que pueda tener esto, pero me siento seguro al escribir que muchos están explorando las posibilidades.

*Trabajé en el MoMA (Museo de Arte Moderno) de Nueva York como empleado de verano mientras asistía a la universidad y puedo confirmar que lo que se ve durante una visita media al museo es sólo una pequeña parte de lo que poseen.

¿QUÉ ES LO SIGUIENTE PARA LOS NFT?

¿Qué es lo siguiente para los NFT? No lo sé exactamente, pero ¿quién lo sabe? Cuando alguien me preguntó hace años qué pensaba sobre el futuro de Bitcoin, tuve la misma respuesta. Respondí honestamente. Esta incógnita sobre lo que podemos esperar en el futuro, para algunos inversores, es *EL* atractivo de los NFT. Este punto crítico es lo que muchos de los escépticos pasan por alto.

En las próximas páginas compartiré algunos de los que yo considero serán probables escenarios futuros. Se basan en cierto modo en el patrón de madurez y crecimiento observado en el mercado de las criptomonedas y otros mercados de inversión alternativos.

Aumento de los volúmenes y de la competencia

Los volúmenes de negociación en las plataformas seguirán aumentando. Opensea, el mercado más activo de NFT, verá más competencia, especialmente después de las noticias de Coinbase, que entrará en el mercado. Muchas otras empresas, artistas, fondos de inversión, atletas profesionales, estafadores (triste, pero cierto) y otros se están involucrando, incluso el gobierno del Reino Unido.

El mercado de los activos NFT está explotando. Las ventas han aumentado drásticamente, pasando de unos 17.000 millones de dólares en 2021 a casi 37.000 millones en el momento de escribir este libro. Lo que también es importante entender es que estas cifras u otras estimaciones de mercado a menudo no incluyen las llamadas ventas fuera de la cadena. Esto se refiere a las ventas de NFT que se producen en galerías privadas, por no hablar de otras ventas privadas no registradas por una blockchain. Con este tipo de incentivos financieros, más instituciones seguirán entrando en el mercado. Algunos grandes nombres fuera del mundo de las criptomonedas lo están considerando y han anunciado sus planes de entrar en el mercado con plataformas para atender a los NFT. Facebook (ahora conocido como Meta), anunció que su mundo virtual en el metaverso apoyará los NFT.

Uno de los primeros corredores de mercados de capitales en entrar en el mercado es EToro. Su plataforma de operaciones, más conocida por las divisas y otras clases de activos, ha lanzado recientemente un fondo de 20 millones de dólares para comprar NFT. Han estado comprando silenciosamente NFT de algunos de los fondos más conocidos, como Bored Ape Yacht Club (BAYC) y otros. También lanzaron "e-Toro.art", una plataforma de NFT que financiará nuevos proyectos en función de su utilidad y potencial general. De acuerdo a su declaración pública, quieren que los usuarios de su plataforma eToro formen parte de la revolución que ven venir con los NFT y la Web3.

Como en los primeros días de las criptomonedas, al principio todo el mundo se reía, y luego, a medida que se ganaba más dinero, la gente se reía menos. Las risas acabaron siendo sustituidas por preguntas, como "¿cómo puedo aprender más?" y "¿cuál es la mejor manera de ganar dinero con esto?".

Un mercado más diverso

Espero que veamos un tipo de cliente más diverso para los NFT. La mayoría de la gente no se gasta 300.000 dólares en arte digital. Sin embargo, entre 0 y 300.000 dólares hay mucho margen de gasto. La persona que no está dispuesta a gastar 100.000 dólares podría gastar 500 dólares en su NFT de cómic de superhéroes favorita, o algún adolescente podría gastar 25 dólares en algo que le parezca genial o popular en ese momento.

Mi investigación reveló que alrededor del 10% de los operadores representaban la mayoría de las operaciones de NFT. Esto no es saludable para ningún mercado. Es de esperar que en los próximos años las estadísticas muestren un grupo más amplio de operadores.

El mercado también necesita liberarse de la excesiva dominación de las famosas colecciones (CryptoPunk, etc.). Actualmente representan casi el 50% del mercado de NFT. Además de su dominio del mercado, los precios medios de venta de las colecciones están fuera del alcance del inversor promedio.

¡Esto ha ocurrido de verdad!

Para ilustrar la rapidez con la que puede girar este mercado, menos de una semana después de que escribiera el párrafo anterior sobre la necesidad de la diversidad del mercado se produjo uno de los mayores acuerdos en el universo NFT. Yuga Labs, propietaria de la colección Bored Ape Yacht Club, compró los derechos de la colección CryptoPunk a Larva Labs. La colección CryptoPunk era la NFT más valorada del mercado.

Lo bueno

La adquisición transfiere los derechos de propiedad intelectual y los derechos de autor a Yuga Labs. La historia se pone mejor para los poseedores de tokens porque Yuga Labs ha anunciado que les cederá todos los derechos comerciales. Como ya saben, la norma en la industria es que un token no transfiere los derechos de propiedad intelectual, etc. El significado práctico de esto es que los propietarios de tokens pueden ahora monetizar legalmente sus tokens lanzando sus propios proyectos privados. Estos proyectos pueden ser desde ropa hasta eventos temáticos de la colección NFT.

Lo no tan bueno

Ahora dos de las colecciones más valiosas se han fusionado, lo que ha provocado una mayor concentración en el mercado de los NFT. El hecho de que un sector tan joven se haya consolidado tanto podría frenar las innovaciones, en el sentido de que se oirán menos voces o podría desanimar a quienes querían entrar en el mercado pero ahora podrían pensar que ya es demasiado tarde.

¿El siguiente paso para los inversores?

Tendremos que esperar y ver cómo sigue evolucionando este mercado. ¡Dado que los NFT están fuertemente influenciadas por artistas, personas que como grupo son creativas, espero más innovaciones más allá de lo que pueda imaginar ahora, y pronto!

PASOS NECESARIOS PARA ACUÑAR SU PRIMER NFT

Antes de concluir, compartiré cómo acuñé mi propio NFT y proporcionaré una descripción paso a paso de lo que necesitará para empezar.

Mi lanzamiento de NFT fue relativamente fácil. El proceso de crear una cuenta y conectar un monedero de criptomonedas me llevó entre 5 y 7 minutos. Luego, subir los archivos y rellenar la descripción de la colección NFT me llevó otros 20 minutos. Después de eso, estaba listo para empezar.

Utilicé algunas de las portadas de mis libros para crear tokens de utilidad. Los NFT no son sólo tokens de mis portadas, sino que incluyen servicios desde cursos hasta consultoría.

Los pasos necesarios para acuñar su primer NFT

- Cree el enlace a un monedero de criptomonedas
- Asigne un nombre a su proyecto
- Genere un enlace a su página web
- Elabore una breve descripción de su colección
- Suministre el NFT que va a crear
- Seleccione el blockchain en el que desea acuñar
- Seleccione el tipo de token (arte, utilidad, coleccionable, etc.)
- Establezca un precio y decida cuántos derechos querrá obtener de cualquier reventa de su NFT

CONCLUSIÓN

Gracias por haber llegado hasta el final de *La guía definitiva para invertir en NFT*. Este libro tiene un lugar especial en mi corazón porque fue un libro en el que tuve que reescribir algunas secciones cada pocas semanas porque los hechos seguían cambiando. El mundo de los NFT está en sus inicios y está completamente abierto a las innovaciones. He escrito otros libros sobre blockchain y criptomonedas, y es interesante ver esta mezcla de los diferentes mundos junto con el metaverso.

Mi último consejo es simplemente tener una mente abierta a las oportunidades. Incluso si no le gustan personalmente los NFT, no hay razón para poner barreras artificiales a algo que podría ser una inversión que valga la pena y sea divertida al mismo tiempo.

Mis otros libros relacionados con NFT

Mis otros libros de cripto – blockchain que han sido comprobados ayudan a los profesionales e inversores son:

El siguiente nivel de inversión en criptomonedas

Blockchain: Aplicaciones y comprensión del mundo real

CONCEPTOS CLAVE SOBRE BLOCKCHAIN Y CONTRATOS INTELIGENTES

Blockchain

Blockchain es un tipo de tecnología de libro mayor distribuido (DLT). Un libro de contabilidad distribuido es un conjunto de datos replicados, compartidos y sincronizados, repartidos geográficamente entre sitios, instituciones o países. La DLT es la tecnología subyacente de Bitcoin y otras criptomonedas.

Una herramienta diferente para personas diferentes

Las criptomonedas son lo menos importante para un especialista en blockchain porque hace mucho más. De hecho, algunos blockchainers, como me gusta llamarlos, a veces se molestan cuando mencionas el tema de las criptomonedas en sus eventos.

Para los entusiastas de las criptomonedas, blockchain es la columna vertebral técnica de las monedas digitales. Los desarrolladores la utilizan para almacenar datos en una red distribuida y para los futuristas es una herramienta para crear una sociedad descentralizada.

Bloques de construcción de Blockchain

Cada bloque de un libro de contabilidad está conectado al bloque anterior mediante un algoritmo criptográfico llamado hash. Los bloques conectados forman una cadena, de ahí el término "blockchain".

La blockchain es una forma de base de datos distribuida que funciona por consenso. Los ordenadores de la red, conocidos como nodos, validan las transacciones y las añaden a la blockchain. Al no haber una fuente centralizada para verificar los cambios, se utiliza un algoritmo de consenso distribuido para crear un acuerdo entre los nodos de manera que se haga la misma entrada en cada libro de contabilidad.

Descentralización: Cada parte de un blockchain tiene acceso a toda la base de datos y a su historial completo. Cada parte puede validar los registros de sus socios sin necesidad de un intermediario.

Inmutabilidad: Cada bloque tiene una marca de tiempo y un enlace con el bloque anterior. Los bloques son resistentes a las modificaciones. Una vez registrados, los datos de cualquier bloque no pueden ser alterados retroactivamente sin la alteración de todos los bloques posteriores. Se despliegan algoritmos para garantizar que el registro en la base de datos sea permanente.

Transmisión Persona a Persona (P2P): La comunicación se produce directamente entre pares sin un nodo central.

Programable: Las transacciones pueden programarse. Los usuarios pueden establecer algoritmos y reglas que activen automáticamente las transacciones entre nodos.

Contratos inteligentes

Un contrato inteligente es un contrato y un programa informático de aplicación digital que se almacena dentro de una blockchain. Se trata de la siguiente generación o, como algunos lo describen, la evolución de las blockchain. Transforma la blockchain de un sistema de libros de contabilidad distribuidos en una nueva forma de almacenar, transferir y comunicar entre las partes de una red.

Los términos del acuerdo o de la operación se escriben en líneas de código que se ejecutan cuando se desencadenan ciertos eventos. Los contratos pueden utilizarse para automatizar operaciones básicas en una red, eliminando así la necesidad de un tercero de confianza.

Prueba de compra (PoS)

Prueba de Compra (PoS): es un método de consenso en el que no hay mineros. En su lugar, los nodos se limitan a ser seleccionados para el procesamiento de las transacciones sin necesidad de calcular y resolver complejas ecuaciones. Otros nodos en un sistema Prueba de Compra verificarán el bloque. Para evitar trampas, los nodos de un sistema Prueba de Compra deben bloquear una cantidad específica de moneda en una caja fuerte virtual. Esta moneda se pierde como sanción si se detecta alguna irregularidad. Este proceso se conoce como staking, y puede considerarse que funciona de forma similar a la minería en los sistemas Prueba de Trabajo (PoW), pero sin el enorme gasto de energía. Cuanta más moneda apueste un nodo, mayor será la probabilidad de que sea seleccionado para crear el siguiente bloque.

Ejemplos de criptomonedas PoS: Tezos, Ethereum

De mi libro: **Blockchain: Aplicaciones y comprensión del mundo real** (2018)

VOCABULARIO ESENCIAL SOBRE NFT, METAVERSO Y JUEGOS

Mi breve guía de las palabras necesarias para ampliar su comprensión de este ecosistema NFT en constante cambio.

Binance Smart Chain – Un blockchain para comprar y vender NFT.

Discord – Una plataforma de mensajería instantánea muy popular entre los entusiastas de NFT.

ERC-721 – La norma que permite crear tokens no fungibles.

Ethereum – Un blockchain con funcionalidad de contrato inteligente.

Flow – Una blockchain iniciada por Dapper Labs que está hecha a medida para juegos y coleccionables blockchain iniciada por Dapper Labs que está hecha a medida para juegos y coleccionables.

Fractional ownership – Permite los derechos de propiedad parcial de un NFT. Los compradores pueden comprar la cantidad que deseen o lo que su monedero les permita. Los vendedores pueden vender partes de una obra.

Fungibilidad – Es un bien o una mercancía cuyas unidades individuales son intercambiables. Por ejemplo, un kilo de oro puro es equivalente a cualquier otro kilo de oro puro. Otros ejemplos fungibles son el petróleo crudo, las acciones, los bonos y las divisas. Un diamante o un cuadro no lo son, ya que cada uno es único.

Hashmasks - Son obras digitales creadas por un grupo de 70 artistas repartidos por todo el mundo. Las Hashmasks son especiales en el sentido de que los consumidores tienen un cierto grado de control sobre el arte. Según Hashmasks, los poseedores de tokens tienen la posibilidad de contribuir a la realización de la obra dándole un nombre de su elección a través del Name Change Token (NCT).

ICO (initial coin offering) - Una oferta inicial de moneda es un modo de financiación en el que un proyecto basado en blockchain realiza una venta multitudinaria de tokens a los primeros usuarios a cambio de criptomonedas.

Sistema de archivos interplanetarios - Una forma de almacenar los datos de NFT.

Metadatos - Son los datos que definen la propiedad y diferencian un NFT de otro. Los metadatos pueden ser on-chain u off-chain.

Metadatos en cadena - Metadatos que se colocan en un contrato inteligente.

Metadatos fuera de la cadena - Metadatos que se almacenan fuera del blockchain.

MetaMask - Un monedero de criptomonedas que sirve de puerta de entrada al ecosistema NFT. Se utiliza para acceder a las aplicaciones de NFT como OpenSea, Rarible, y varias otras.

NBA Top Shot - Un mercado en el que la gente puede intercambiar los mejores momentos de sus jugadas de baloncesto favoritas, de forma similar a como se intercambian los cromos de béisbol o fútbol. NBA Top Shot es una colaboración entre la National Basketball Association (NBA) y Dapper Labs.

NFT centrados en la utilidad – El siguiente paso para los NFT, producir ejemplos de uso práctico. Hasta ahora, algunos han sido codificados para eventos o proyectos especiales, sólo por invitación. Realmente estamos al principio de las innovaciones con este tipo de NFT.

Nifty Gateway – Es un popular mercado de NFT para comprar y vender arte digital. Los llaman "Nifties", que es su forma de decir NFT.

PERFIL DEL AUTOR

Wayne Walker es el director de una empresa de formación en mercados globales de capitales y criptomonedas (gcmsonline.info). Cuenta con varios años de experiencia en la dirección y el entrenamiento de equipos de asesores de inversión y ha dirigido equipos de alto rendimiento en el Grupo de Clientes Privados basados en Bench Mark Earnings (BME).

FUENTES

Entrevistas con inversores de NFT, charla TEDx sobre avatares, The Next Level of Cryptocurrency Investing, Blockchain: Real-World Applications and Understanding (Wayne Walker), Linas Beliūnas de Linas's Newsletter, Yahoo finance, nftfi.com, nonfungible.com, Kulturmonitor.dk, macabris.com, Twitter "NFTtheft", esports.net, Creatokia, IntoTheBlock, HBR.org